EUGÈNE CAVAIGNAC

CAVAIGNAC

Publié par G. HAVARD. Imp. de Mangeon, 67. r. S.Jacq. Paris.

LES CONTEMPORAINS

EUGÈNE

CAVAIGNAC

PAR

EUGÈNE DE MIRECOURT

PARIS — 1857

CHEZ L'AUTEUR
48, rue des Marais-Saint-Martin

**Et chez tous les Libraires de France
et de l'Étranger.**

CAVAIGNAC.

Il est rare que l'homme soit doué d'une force de caractère assez grande et d'une raison assez ferme pour s'affranchir des traditions de famille et des influences de foyer.

Si la source d'un fleuve est chargée de limon, ses flots peuvent, dans leur cours, se dégager et s'éclaircir ; mais, au moindre bouleversement, la vase originelle remonte à la surface.

Déjà nous avons fait une observation analogue, en écrivant la biographie de Philarète Chasles.

Comme le général Cavaignac il était fils d'un conventionnel régicide. Seulement, plus heureux que l'ex-dictateur, il se sauva de la contagion du foyer domestique par un goût exclusif pour les choses de l'esprit.

La littérature a sauvé l'écrivain; la politique a perdu l'homme de guerre.

Au milieu de notre phalange d'illustrations contemporaines, la grave et mélancolique figure d'Eugène Cavaignac nous apparaît comme celle d'une victime. Elle n'a rien du reflet qui rayonne autour de la tête des favoris du sort.

Jamais histoire plus riche en espérances n'a vu ses pages glorieuses disparaître plus vite sous les brumes de l'oubli; jamais puissance presque souveraine n'est descendue dans une obscurité plus complète.

On peut dire que la République a confisqué le général Cavaignac.

Avant février 1848, il était très-peu républicain ou, si l'on préfère, il touchait à l'indifférence absolue en matière politique, lorsque, sur la tombe encore fraîche de son frère Godefroy, il dut contracter des engagements presque forcés avec le parti rouge.

La révolution vint ensuite le porter au premier plan, sans lui donner une minute pour réfléchir.

Il se crut obligé d'épouser la démocratie comme le doge de Venise épousait la mer Adriatique.

Depuis lors, il porte les chaînes de ce fatal hymen.

La leçon du 10 décembre 1848 ne put ramener sur la ligne droite son esprit fourvoyé.

Quand survinrent les événements de 1851 et la renaissance de l'Empire, Cavaignac persista quand même. Rien ne put le décider à convenir des erreurs de son jugement. Il resta ferme sur les ruines de ses espérances et ne renonça point aux illusions qu'il s'était faites sur son temps et sur son pays.

Il persévère dans ses idées avec l'obstination d'un mathématicien, avec la fierté d'une âme honnête, avec le calme d'un cœur énergique.

Mais il est inutile d'insister sur les déterminations que lui dicta sa conscience.

Un jour, si l'histoire les blâme, elle n'en proclamera pas moins, comme l'Assemblée nationale après les journées de juin, que le général Cavaignac a bien mérité de la patrie et de la société.

L'histoire n'a pas l'ingratitude de la politique, et l'heure vient toujours où elle dégage l'héroïsme de l'épée comme celui de la plume des agitations tumultueuses et des lâches injustices de l'opinion.

Certes, elle ne refusera pas ses éloges à l'homme qui pouvait être un Cromwell et qui ne le voulut pas.

Biographe contemporain, nous avons la conviction profonde d'exprimer ici d'avance le jugement de la postérité, en disant qu'Eugène Cavaignac, cœur loyal et bras fort, aurait fondé la République en France, et cela pour toujours, si les mœurs de ce pays pouvaient s'accommoder de la République.

Lorsque des hommes de l'espèce de celui auquel nous consacrons ce volume ont échoué dans leurs tentatives, il faut que les Louis Jourdan, les Taxile Delord, et autres démocrates de même trempe, relisent pour leur instruction personnelle l'histoire d'Hercule et des pygmées.

Elle leur fera connaître la vanité de leurs prétentions et la sottise de leurs espérances.

Depuis Armand Carrel et depuis le vainqueur de juin, le sceptre démocratique tombe en-quenouille.

Louis-Eugène Cavaignac est né à Paris, le 15 octobre 1802. Il est le second fils de Jean-Baptiste Cavaignac, député à la Convention Nationale, directeur des domaines à Naples sous l'Empire, préfet de la Somme pendant les Cent jours, et mort en exil à Bruxelles, à la fin de l'année 1829.

Julie-Marie-Olivier de Corancez, sa mère, était patricienne comme Marianne-Charlotte de Corday d'Armans.

Elle était aussi, comme l'*ange de l'assassinat*, girondine pure et catholique fervente.

Un oncle d'Eugène, Jacques-Marie Cavaignac, ardent républicain d'abord, servit avec distinction dans les armées de la République, puis dans les armées de l'Empire. Napoléon, à la bataille d'Austerlitz, le nomma commandeur de la Légion d'honneur. En 1806, Jacques-Marie Cavaignac s'engagea au service du roi de Naples et devint capitaine de ses gardes. A la rentrée des Bourbons, il ne jugea pas convenable de sacrifier sa fortune à ses

souvenirs. Il offrit son épée à Louis XVIII
qui le combla de faveurs et le nomma suc-
cessivement lieutenant-général, chevalier
de Saint-Louis, commandeur du même
ordre, baron de Baragne, vicomte, puis
enfin inspecteur-général de la cavalerie en
France.

Il eut, de plus, un fauteuil au Luxembourg.

Tous les membres de cette famille,
comme on peut le voir, ne se sont pas
solennellement drapés dans la toge répu-
blicaine pour refuser leurs services aux
tyrans.

Les ennemis que le pouvoir fit au général Cavaignac fouillèrent, avec le soin que

donne la haine, dans la vie révolutionnaire de son père et y découvrirent des excès sans nombre.

Sous la Terreur, Jean-Baptiste Cavaignac s'était fait remarquer parmi les plus fougueux et les plus impitoyables.

On imprima les lettres qu'il écrivait de sa province à la Convention.

En voici une, entre autres, datée du 10 frimaire an III.

« Je fais construire des crèches dans les temples. La République aura là de superbes écuries. Notre collègue Dartigoyte, par ses prédications civiques, avait électrisé tous les esprits.

« Je l'avais secondé de tous mes moyens

dans cet apostolat philosophique, et tout était préparé. Le peuple était mûr.

« Le jour de la troisième décade fut fixé pour célébrer à Auch la fête de la Raison et l'abolition totale du fanatisme. Ce jour solennel arrive ; le peuple entier s'assemble sur le boulevard champêtre, et là, dans un banquet fraternel, il fait éclater les premiers transports de sa joie.

« Après ce repas lacédémonien, il parcourt l'enceinte de la ville, arrache et et foule aux pieds tous les signes fanatiques qu'il rencontre.

« De retour sur la place consacrée à la liberté, il s'assemble autour d'un bûcher couvert de titres féodaux, et se fait amener dans un tombereau deux Viérges à miracles du pays, les croix principales et les saints qui naguère recevaient l'encens des superstitieux.

« Partout l'enthousiasme civique éclate.

« Le bûcher s'allume, et ces ridicules idoles y sont précipitées aux acclamations d'une foule innombrable. La carmagnole dura toute la nuit autour du brasier philosophique qui consumait à la fois tant d'erreurs. »

Ainsi finit cette lettre édifiante.

O grands jours ! ô sublime époque ! ô noble proconsul Cavaignac !

Messieurs les rédacteurs du *Siècle* doivent sentir de douces larmes mouiller leurs paupières à la lecture de ce glorieux compte-rendu, et sans doute ils caressent l'espoir de nous ramener bientôt de pareilles scènes.

Dans une autre lettre de Jean-Baptiste Cavaignac, datée du 25 germinal de l'année suivante, nous trouvons ce passage :

« Il est temps d'ordonner *l'arrestation* de tous les ci-devant nobles, de tous les ci-devant seigneurs, de tous les prêtres fanatiques. Tant qu'il en restera un sur la terre de la liberté, il conspirera contre elle. »

Arrestation, comme on le sait, voulait dire alors *guillotine*.

Le *Mémorial Bordelais* accusa Jean-Baptiste d'avoir commis un attentat infâme

sur la personne d'une belle et courageuse
fille [1] qui venait lui demander la vie de
son père.

Mais il a été reconnu que tout l'odieux
de ce crime retombait sur un collègue de
notre proconsul.

Celui-ci a bien assez de faits à sa char-
ge sans qu'on lui prête encore les ignomi-
nies d'un autre conventionnel.

Barrère, *le grand complaisant de l'époque terrible*, comme l'appelle Armand
Malitourne, explique l'aventure dans ses
Mémoires, avec ce ton de rhéteur trop
bien informé, qui accuse encore en excu-
sant.

1. Mlle de Labarrère.

Le frère aîné d'Eugène, Godefroy Cavaignac, fut, sous Louis-Philippe, un des plus illustres héros du parti républicain.

Il mourut prématurément de la poitrine, en 1845.

Riche de quinze mille livres de rente, qu'il avait eues pour sa part dans l'héritage paternel, et en espérant le double à la mort du vicomte, son oncle, dont il était le préféré, Godefroy suivit le goût très-vif qui le portait vers la littérature.

Avant d'être absorbé par le journalisme radical, il avait écrit deux ouvrages qui ne sont pas sans valeur.

Le premier a pour titre: *Le Cardinal Dubois* ou *tout chemin mène à Rome*. C'est un proverbe dramatique, où figurent cinpersonnages, savoir : Dubois, le Régent, la Fillon, célèbre entremetteuse, et un curé d'Auvergne. L'originalité du dialogue n'excuse pas certains mots empreints d'un cynisme révoltant, que l'auteur emploie sous prétexte de mieux rendre les façons de parler du digne précepteur de Philippe.

Le second ouvrage, *Une tuerie de cosaques*, renferme des scènes d'invasion, d'un style incorrect, mais d'une énergie saisissante.

Godefroy Cavaignac commence la dynastie de ces républicains aux manières aristocratiques dont le *National* a déroulé le drapeau.

C'était un caractère trempé vigoureusemedt, un esprit organisateur.

Il voulait, la République pure de tout
excès et de tout désordre. S'il eut vécu en
février, plus habile que Ledru-Rollin et
consorts, peut-être aurait-il imprimé aux
masses populaires une impulsion morale et
régulatrice.

Mais Dieu avait condamné d'avance la
République, en éloignant de son berceau
les seuls personnages capables de la faire
grandir, Armand Carrel, Godefroy et Eugène Cavaignac. Il retira aux deux premiers la vie, et au troisième le pouvoir.

Eugène fit ses études au collége Sainte-
Barbe avec son frère.

On sait que l'abbé Nicolle, sous ce même
nom de Sainte-Barbe, et par la faveur de
la Congrégation, avait établi, rue des Pos-

tes, une institution rivale. Il disait de Victor Delanneau, chef de l'établissement de la rue de Reims :

— Jugez du maître par les élèves : il n'a chez lui que des fils de régicides !

En effet, parmi tous ces jeunes gens, la cause des lis n'était pas en faveur.

Le jour de la Saint-Charlemagne de l'année 1818, l'affiche de la Comédie-Française portait : *Spectacle demandé.*

Talma jouait *Manlius.*

Deux cents élèves de M. Delanneau convinrent de se donner rendez-vous au théâtre, pour avoir la joie d'applaudir à outrance le grand artiste et de siffler MM. les gardes du corps.

Tout se passa comme on l'avait comploté.

Un ancien condisciple des frères Cavaignac nous assure qu'ils prirent une large part à cette manifestation libérale, à laquelle la presse du lendemain donna un retentissement énorme.

Le *Journal des Débats* dénonça le fait comme scandaleux, et jeta les hauts cris, afin d'exciter les alarmes du pouvoir.

Un spirituel article du barbiste Eugène Scribe, inséré dans le *Journal général*, turlupina la feuille blanche (elle a été, depuis, de bien d'autres couleurs!) et lui prouva que son article sentait la police d'une lieue.

Tous les autres organes de la presse; le

Constitutionnel, le *Journal de Paris*, la *Quotidienne*, etc., prirent parti dans la querelle, et, trois semaines durant, on vit pâlir à l'Opéra-Buffa les grands succès de Mme Angélique Catalani, femme Valabrègue, cantatrice fort en vogue de l'époque.

Au collége, Eugène Cavaignac se montrait d'un naturel sauvage et même un peu bourru.

Mais ces dehors de sanglier toujours prêt au coup de boutoir cachaient un cœur sensible, des penchants à la bienveillance et à l'amitié sincère. Eugène a conservé le souvenir de tous ses anciens condisciples, même de ceux qu'il n'a plus revus depuis sa sortie du collége.

Voici, à ce sujet, une anecdote dont nous garantissons l'exactitude.

Le 17 mai 1848, un ex-barbiste, garde national, se trouvait au poste du ministère de la guerre.

C'était le lendemain de l'une des plus folles et des plus tristes journées de la révolution. Des ordres rigoureux avaient été donnés pour empêcher qui que ce fût de pénétrer dans les grandes administrations publiques.

Tout à coup une simple citadine s'arrête devant le n° 90 de la rue Saint-Domini-que-Saint-Germain.

Un individu en habits bourgeois descend de voiture et se présente à la porte de l'hôtel.

Mais le factionnaire de la ligne lui barre le passage et refuse d'écouter ses explications.

Sept ou huit gardes nationaux, qui se promenaient dans la cour du ministère, s'approchent et confirment à l'étranger les rigueurs de la consigne.

Heureusement celui-ci, sous le shako de la milice citoyenne, avise tout à coup une figure de connaissance.

— Eh! bonjour! s'écrie-t-il, mon cher Frédéric! J'espère que tu vas me reconnaître, toi?

Le garde national examine pendant quelques secondes celui qui l'interpelle, pousse un cri de surprise et l'embrasse avec effusion.

—Laissez entrer M. le général Cavaignac ! dit-il au factionnaire, qui se hâta de présenter les armes au héros d'Afrique [1].

Ce fait prouve que notre héros a la plus précieuse de toutes les mémoires, la mémoire du cœur.

Après avoir achevé son cours de mathématiques spéciales, Eugène Cavaignac entra, le 1er octobre 1820, à l'Ecole polytechnique. Il en sortit deux années après et fut admis en qualité de sous-lieutenant à l'école d'application d'artillerie, à Metz.

1. Elu représentant à l'Assemblée nationale par les départements de la Seine et du Lot, Eugène Cavaignac avait opté pour ce dernier. Il venait d'obtenir l'autorisation de quitter l'Algérie pour remplir son mandat.

En 1824, il fut placé dans le deuxième régiment du génie, en garnison à Arras.

Deux années après, on le nomma lieutenant en premier.

Nous le voyons, en 1828, partir capitaine et suivre l'expédition qui allait délivrer la Grèce du joug égyptien.

La première affaire dans laquelle se distingua Cavaignac fut la prise du château de Morée. Il y déploya ce courage calme et froid qui révèle l'instinct du commandement et fait deviner le général sous l'épaulette du capitaine.

Rentré, après la guerre, à sa garnison d'Arras, il ne tarda pas à voir éclater la révolution de juillet.

Pour la première fois des idées politiques vinrent se jeter à la traverse de son avenir.

Envoyé à Metz avec son régiment, Eugène Cavaignac obtint la permission de venir à Paris rendre à son oncle et à son frère une visite de quelques jours.

Godefroy le fit adhérer sans peine au fameux *projet d'association* pour *la défense nationale*, machine révolutionnaire, dont les républicains, mécontents du tour que leur avait joué La Fayette, cherchaient à multiplier les ressorts.

On envoyait sur tous les points de la France des listes qui se couvraient de signatures.

Eugène se chargea de recueillir à Metz les adhésions démocratiques.

Le colonel de son régiment fut averti de la manœuvre. Il crut devoir interpeller le capitaine Cavaignac sur la conduite qu'il tiendrait en cas d'émeute.

— Si le régiment se bat contre les légitimistes, lui demanda-t-il, vous battrez-vous?

— Oui, colonel.

— Et si nous avons affaire aux républicains?

— Je ne me battrai pas, répondit Eugène.

C'était net et catégorique.

Son supérieur instruisit le gouvernement de la réponse, et tout aussitôt le

capitaine Cavaignac fut mis en disponi-
bilité.

L'oncle Jacques-Marie, qui continuait
d'être au mieux avec tous les régimes,
n'abandonna pas son neveu dans cette cir-
constance.

Il alla trouver le maréchal Soult, son
vieux compagnon d'armes, pour le prier
d'obtenir qu'on revoquât la mesure.

— Diable! ce sera difficile, répondit le
héros de Toulouse. Enfin, n'importe, es-
sayons!

Mais Louis-Philippe ne voulut d'abord
rien entendre.

Il avait pris le nom de Cavaignac en
haine profonde, depuis une conférence

qu'il avait eue, après 1830, avec le frère d'Eugène.

Sachant l'influence de Godefroy sur les radicaux, Sa Majesté citoyenne s'était flattée de l'espoir de le séduire.

Toutes ses câlineries échouèrent devant une véritable muraille de bronze.

—On voit bien, monsieur, dit le roi, que vous êtes le fils d'un conventionnel.

—Si je suis le fils d'un conventionnel, vous êtes le fils de Philippe-Égalité! répondit avec rudesse l'aîné des Cavaignac.

Après avoir décoché cette boutade irrespectueuse, il prit congé du prince pour aller égayer le *National* avec l'anecdote.

Cet antécédent de famille était peu favorable à Eugène.

Mais le maréchal Soult y mit de la persistance. On triompha de la rancune de Louis-Philippe, et les épaulettes furent rendues.

— Envoyez-le jeter sa gourme en Afrique! dit le roi.

L'administration de la guerre employait depuis quelque temps ce moyen commode de purger les garnisons de Paris et de la province de tout officier démocrate.

Eugène fut dirigé sur Oran.

Ses supérieurs le choisirent pour surveiller les travaux de défense de la place et les routes stratégiques des environs.

« Il trouva, dit la *Biographie générale*, l'occasion de se faire remarquer dans diverses circonstances. Après la prise de Tlemcen, le maréchal Clausel ayant résolu de laisser une garnison au Méchouar (citadelle de la ville), Cavaignac fut placé, avec le titre de chef de bataillon provisoire, à la tête de cinq cents volontaires pour garder cette position périlleuse.

« Il arma cinq cents Koulouglis qui doublèrent sa petite garnison, créa des hôpitaux, des ateliers d'armement et d'équipement, éleva des casernes et perfectionna les moyens de défense du Méchouar.

« Plusieurs ravitaillements eurent lieu à diverses époques; mais leur insuffisance se faisait rapidement sentir, et la garnison se trouva souvent réduite aux plus dures extrémités, malgré l'ordre qui régnait dans les distributions et la réduction des rations.

« Cavaignac organisa alors de fréquentes *razzias* contre les tribus hostiles. »

En 1839, on releva l'héroïque garnison de Tlemcen, et le maréchal Clausel annonça à Cavaignac qu'il allait lui obtenir la confirmation de son grade provisoire.

— Je n'accepterai rien, répondit Eugène, si chaque officier de mon bataillon n'obtient pas en même temps que moi de l'avancement.

Noble réponse qui peint d'un seul trait le caractère de l'homme.

L'année suivante, le maréchal Bugeaud écrivait au ministre :

« Cavaignac est un officier instruit, ardent, zélé, susceptible d'un dévouement qui, joint à sa haute capacité, le rend propre aux grandes choses et lui assure les premiers grades, si sa santé n'y met obstacle. »

En effet, le courageux soldat ne tarda pas à tomber malade. Les fatigues et les privations de Tlemcen l'avaient brisé.

L'air de la France, l'air natal pouvait seul le rétablir. Un congé lui fut accordé, à la sollicitation du colonel Rulhières.

Sur ces entrefaites, Godefroy Cavaignac s'évada de Sainte-Pélagie, à la suite du procès d'avril. Eugène, craignant de se trouver dans une position fausse, voulùt donner sa démission; mais ses chefs l'en dissuadèrent.

Il profita de son congé pour écrire un livre qui fit alors sensation et qui a pour titre : *De la régence d'Alger.*

Cependant le traité de la Tafna venait d'être rompu par Abd-el-Kader.

Au bruit de la bataille qui recommence, le cœur d'Eugène s'électrise. Il ne songe plus à ses souffrances physiques et demande à reprendre les armes. Le ministre de la guerre le désigne pour commander le deuxième bataillon de zéphirs, à Cherchell.

Dans une sortie contre les Kabyles, qui

bloquent la place, il est blessé d'une balle
à la cuisse.

On l'apprend à Paris par des lettres par-
ticulières, Cavaignac n'en a point parlé
dans son bulletin officiel.

Eugène avait été chargé là, comme au
Méchouar, de défendre la position avec
une poignée d'hommes, et son héroïsme
fut récompensé par le grade de lieutenant-
colonel aux zouaves.

Bientôt le général Changarnier ayant reçu
la mission de ravitailler Milianah, Eugène
commande sous ses ordres l'arrière-garde
de la colonne. Il protége le passage des
troupes au milieu de populations belli-
queuses et à travers un pays de monta-
gnes.

Dans cette retraite, il est blessé d'une balle au genou et voit un cheval tué sous lui; sans que son merveilleux sang froid et sa bravoure l'abandonnent une minute.

On le nomme colonel et on le maintient à la tête du régiment des zouaves.

En avril 1843, le gouvernement se décide, sur les conseils de Bugeaud et de Lamoricière, à construire à Ténès, à Ess-Nam et à Tiaret certains postes destinés à devenir des villes avec le temps.

Cavaignac est chargé d'établir le poste d'Ess-Nam.

Il arrive avec 2500 hommes dans une plaine immense, presque sans culture, et où l'on ne trouve çà et là que des lotus ou

d'informes vestiges de constructions ro-
maines.

Bientôt s'élèvent, au milieu de ce dé-
sert, des établissements de tout genre, des
casernes, des arsenaux, des maisons de
colons, un aqueduc et une église, senti-
nelle avancée de la civilisation chrétienne.

D'une main, Cavaignac bâtit la ville qui
doit porter le nom d'un prince de la dynastie régnante, de l'autre il combat et
soumet à la domination française les tribus
d'alentour.

Bref, en quelques mois, la nouvelle
subdivision, dont Orléansville est devenu
le chef-lieu, se trouve entièrement paci-
fiée.

Le *Moniteur* apporte à Eugène Cavaignac sa nomination à un nouveau grade, celui de maréchal de camp. L'année suivante, on le place à la tête de la subdivision de Tlemcem, et, en 1844, on lui donne à gouverner la province d'Oran.

Eugène est alors général de brigade.

On conçoit que, dans une notice aussi courte, l'espace nous fait défaut pour mentionner en détail toutes les expéditions glorieuses de l'illustre soldat. Les affaires de Médéah, de Tagdempt, de la Mitidja et d'El-Harboug ne se reproduiront pas dans l'histoire sans montrer Eugène Cavaignac au premier rang des vainqueurs.

Le seul événement malheureux qui, sur la fin de la guerre sainte, contraria ses opé-

rations militaires, fut la destruction du
bataillon commandé par l'intrépide Mon-
tagnac, et celle de l'escadron du deuxième
hussards qui, sous les ordres de Courby
de Cognord, s'était jeté tête baissée sur
l'ennemi, soixante contre trois mille.

Ce désastre eut lieu au pied du mame-
lon de Djemmâa-Ghazaouat.

Le 2 mars 1848, un navire hollandais
aborde à Oran et jette sur le rivage la première nouvelle de la proclamation de la
République en France.

On court en informer le général Cavaignac.

Il devient pâle et murmure d'un air
consterné :

— Hélas ! avant six mois nous aurons Henri V à Paris !

En attendant, la révolution apporte au frère de Godefroy sa nomination au grade de général de division et au commandement général de l'Algérie.

Après avoir fait connaître à l'armée et à la population, que la France vient de briser le trône de la branche cadette, le nouveau gouverneur part pour Alger.

Que se passa-t-il entre ces trois généraux, d'Aumale, Joinville et Cavaignac ?

Ce dut être le pendant de la scène émouvante dans laquelle Tite-Live nous a peint l'un des plus grands capitaines de l'antiquité, au moment de semblables adieux : *Frendens, fremensque.*

Ici, pour être impartial, nous enregistrons plusieurs actes condamnables du gouverneur, au début de son pouvoir administratif, actes qu'il déplora lui-même amèrement plus tard, en ce qu'ils étaient d'imprudentes et absurdes concessions aux tendances démagogiques.

Le sieur Couput, commissaire de Ledru-Rollin et de Mme George Sand, avait reçu, avant son départ pour l'Afrique, les ordres de ce couple rubicond.

Il décida Cavaignac à faire enlever la statue du duc d'Orléans, dont le souvenir était populaire sur le sol où il avait vaillamment combattu.

Bien plus, on arbora, par les ordres du gouverneur, et toujours aux suggestions du sieur Couput, le hideux bonnet rouge tout en haut de l'arbre de la liberté.

Cavaignac le fit enlever, le lendemain, devant les témoignages du dégoût public.

Pour excuser ses torts, il a dit plus tard qu'il n'avait attaché aucune importance à cette manifestation ; mais ni l'Afrique ni la mère-patrie ne s'étaient méprises sur le sens du sinistre emblème.

Le gouvernement provisoire, une fois installé, songe à confier à Cavaignac le portefeuille de la guerre.

On sent la nécessité d'investir de la force un chef capable de réprimer les élans de l'anarchie, et Lamoricière lui-même, arrivé le 24 au soir à l'Hôtel-de-Ville, s'empresse, de rendre hommage, aux qualités énergiques du héros de Tlemcen. Il conseille aux Provisoires de le choisir.

La discussion est longue et vive.

On finit par craindre de se donner un maître, et l'on conclut à laisser Cavaignac dans le poste que venait de quitter le duc d'Aumale.

Plus tard, le 20 mars, nos hommes d'État, républicains, effrayés des allures du peuple, revinrent sur cette décision et firent porter des offres officiels au gouverneur général de l'Algérie.

— Je refuse, répondit Cavaignac, à moins que l'on ne m'accorde la rentrée immédiate des troupes dans Paris.

Il voulait venger l'armée de l'affront que
les révolutionnaires lui avaient fait subir,
affront sanglant dont nos soldats se sou-
viennent encore et se souviendront toujours.

Nous pensons que les hommes de l'é-
meute ne les décideront plus, sous aucun
prétexte, à déposer les armes sans combat. La valeur des flatteries démocratiques
est connue.

C'est bien le moins que les leçons du
passé profitent à l'avenir.

Eugène Cavaignac envoya donc aux Provisoires une réponse, nette, précise et
loyale.

Un de nos plus braves généraux [1], à

1. Le général comte de M.., aujourd'hui sénateur.

qui l'on citait quelques passages de cette
lettre, en fut tellement impressionné, qu'il
s'écria, les larmes aux yeux :

— Dites à Cavaignac que, pour l'honneur de l'armée et le maintien des princi-
pes qu'il soutient avec tant de noblesse et
de courage, moi son compagnon d'armes
en Afrique et son ancien de grade, je suis
prêt à servir sous ses ordres comme simple soldat !

Les exigences du gouverneur de l'Algérie semblèrent monstrueuses à messieurs
du Provisoire.

Ils prirent sa lettre pour un refus de
concours pur et simple et lui enjoignirent
sèchement de demeurer à son poste.

Nommé, comme nous l'avons dit plus haut, représentant du peuple, aux élections générales d'avril, par les départements de la Seine et du Lot, Cavaignac voulut remplir son mandat à l'Assemblée nationale.

En conséquence, il obtint d'abandonner le poste éminent qu'il occupait en Afrique.

Il arriva le 17 mai, deux jours après le criminel attentat des démagogues contre la Chambre.

Paris était dans la consternation.

Les républicains se divisaient en deux camps, celui des modérés et celui des anarchistes.

Ces derniers conservaient une attitude menaçante. Ils entraînaient avec eux les masses populaires, aigries par la souffrance et par le manque de travail.

Un cataclysme devenait imminent.

Les diverses légions de la garde nationale, divisées entre elles, étaient incapables de maintenir l'ordre, et la garde mobile, cette création toute révolutionnaire, avait trop d'instincts dangereux et trop d'indiscipline pour ne pas inspirer des craintes à l'heure du combat.

Grâce aux inexplicables faiblesses du Provisoire, l'armée continuait à être exclue de Paris.

La plupart de nos généraux d'élite étaient mis à la retraite. Quelques officiers 'un grade inférieur avaient provoqué cette mesure de désorganisation et d'ingratitude.

Au milieu de ces graves conjonctures, et quand une vieille expérience d'homme d'Etat aurait à peine suffi à conjurer le péril, on offre de nouveau le portefeuille de la guerre à Cavaignac.

Il accepte, mu par une pensée de dévouement sublime, que les passions politiques essayent en vain de calomnier devant l'histoire.

Chaque jour et partout on entendait répéter ces mots sinistres : « Il faut en finir ! » et, trois semaines après l'installation du nouveau ministre, le tocsin de la guerre civile éclatait d'un bout de Paris à l'autre.

Cette fois, la fermeture des ateliers nationaux est le prétexte de l'insurrection.

L'injustice des partis a voulu faire retomber les malheurs de la bataille sur la tête des hommes courageux qui ont provoqué cette mesure de salut public.

O démocrates, écoutez sur ce point le jugement de Victor Hugo !

Sans doute vous ne récuserez pas son émoignage.

« Les ateliers nationaux, dit-il, étaient un expédient fatal. Ils avaient abâtardi les vigoureux enfants du travail ; ils avaient ôté à une partie du peuple le goût du labeur, goût salutaire qui contient la dignité, le respect de soi-même et la santé de la conscience.

« A ceux qui n'avaient connu jusque-là que la force généreuse du bras qui travaille, ils avaient appris la honteuse puissance de la main tendue.

« Ils avaient déshabitué les épaules de porter le poids glorieux du travail honnête et ils avaient habitué les consciences à porter le fardeau humiliant de l'aumône. Nous connaissions déjà le désœuvré de l'opulence ; ils créèrent le désœuvré de la misère, cent fois plus dangereux pour lui-même et pour autrui.

« La Monarchie avait ses oisifs ; la République eut ses fainéants.

« Paris copia Naples. »

Cependant des groupes nombreux et animés occupent, le jeudi 22 juin, les points principaux de la capitale. Une députation se présente aux portes du Luxembourg et proteste contre le récent décret des législateurs.

Les délégués viennent dire que M. Marie, membre de la commission exécutive, leur a fait mauvais accueil.

Immédiatement on décide que l'attaque aura lieu le lendemain.

On dresse le plan de la bataille. Le centre de l'armée parricide se cantonne dans les rues tortueuses qui avoisinaient alors l'Hôtel-de-Ville et les deux ailes remontent à droite et à gauche, l'une du côté des barrières de Belleville, de Montmartre et de

Clichy, l'autre du côté de la barrière d'Enfer.

Deux cent vingt et une barricades se dressent en un clin d'œil, et la ville entière semble être au pouvoir des émeutiers, dont le nombre s'élève à plus de soixante mille.

Sur la proposition de M. Pascal Duprat, l'Assemblée déclare Paris en état de siége.

Effrayée de l'importance de cette lutte, elle concentre dans les mains d'un seul toutes les forces militaires et civiles dont elle dispose.

Le général Cavaignac est investi de la dictature.

Après ce vote, la séance est suspendue

pendant un quart d'heure, au milieu de la
plus vive agitation.

M. de Lamennais rencontre Ledru-Rollin
dans un couloir. Ce noble ami de la citoyenne Sand a le visage bouleversé.

— Que pensez-vous de ce qui arrive? dit
le vieux prêtre démocrate, avec un accent
d'ironie amère, et de ce souffle de voix
qui rendait ses paroles étranges et à peine
intelligibles : nous voilà sous le régime du
sabre ?

— Oui, leur dit Dufaure qui survint;
mais le sabre nous préserve du couperet.

Dans la soirée du 23, le général Cavaignac se porta vers le faubourg du Temple
avec une partie de ses forces disponibles

et présida lui-même à l'enlèvement de la première barricade.

Lorsqu'il revint, madame Cavaignac, sa mère, que les petits journaux appelaient la *mère rouge*, à cause de ses ardentes convictions républicaines, lui dit en l'embrassant :

— Courage ! Tu seras digne de Godefroy, si tu réprimes cette sédition aveugle et impie.

— Je vous le promets, ma mère, répondit Eugène avec simplicité.

Sachant, par l'exemple des révolutions précédentes, combien il est dangereux d'éparpiller ses troupes en une foule de

petits corps, le général adopte le système
de la concentration.

Nombre de gens, mal instruits de la valeur des termes militaires, se sont abusés
étrangement sur le sens de ce mot: La
concentration n'est pas plus le massement
que la circonférence n'est le centre ; elle
roupe les forces autour d'une position
centrale, mais elle ne les y soude pas. Les
corps se trouvent seulement à portée les
uns des autres, de manière à ce qu'aucune
phalange ennemie ne puisse se glisser entre
eux pour les isoler, pour les séparer.

Grâce à ce système, on rayonne dans
tous les sens et l'on peut lancer de fortes
colonnes d'attaque sur tous les points en
péril; de manière à se trouver toujours

supérieur à l'ennemi, ce qui est l'unique principe des hommes de guerre.

Le système de concentration triompha donc de ce mouvement formidable [1].

Cavaignac sauva Paris et la France.

Mais il avait fait arrêter Émile de Girardin, dont la politique taquine était de nature à prolonger la lutte, et, plus tard, Émile le punit de l'avoir épargné. La guerre qu'il fit à l'intrépide soldat restera comme un monument incroyable de haine et de mauvaise foi.

Tous les jours, les premiers Paris de la

1. La preuve qu'un système contraire eût compromis la réussite, c'est que le 2e bataillon du 18e léger, le seul qui se soit trouvé engagé au loin, par suite d'un malentendu, fut désarmé place des Vosges.

Presse, les entrefilets, les articles de fonds, les nouvelles étrangères, les faits divers et jusqu'au bulletin de la Bourse étaient consacrés à l'ereintement absolu du vainqueur de juin.

Fanatisée par son tendre époux Madame de Girardin elle-même se mettait de la partie:

Elle s'écria dans le feuilleton :

Eh bien ! moi, devant Dieu je l'accuse ;
Je ne suis qu'une femme, une folle, une Muse...

Dans cette circonstance-là, oui certes, madame! Nous aurions été trop galant pour vous le dire, et nous prenons acte de l'aveu.

Mais mon cœur tout français d'honneur s'est révolté :
Je sens parler en moi l'esprit de vérité.

Sous l'inspiration de votre époux? C'est impossible. Il n'a jamais eu cet esprit-là.

Une fièvre de feu me tourmente et m'inspire;
J'entends dans mon sommeil les mères le maudire,
Et malgré l'humble arrêt par ses flatteurs rendu,
Je vois tomber sur lui tout le sang répandu.
Je vous dis, je vous dis que la justice est lente,
Que lui seul est l'auteur de la lutte sanglante,
Que du sang des Français il s'inquiète peu,
Que notre mort à tous n'est qu'un coup dans son jeu.
Je crie avec mon cœur. Oh! vous pouvez me croire;
Je hais tous les partis, je traite avec l'histoire.
Je n'aime que la France, et j'ai su le prouver...
Je lui pardonnerais, s'il pouvait la sauver!...

Eh bien! mais que dites-vous donc? Il l'a sauvée, madame. —

On voit que vous êtes à l'école de la *Presse*, et vous faites résonner merveilleusement les mots creux et vides. La malédiction des mères, le sang répandu, le

mépris de l'histoire, tout cela serait effec-
tivement retombé sur la tête de Cavaignac,
s'il avait laissé la barbarie triompher de
la civilisation.

Mais je vous dis encor que cet homme est coupable
Et que son propre aveu le condamne et l'accable.
Pendant qu'autour de nous grandissait le péril,
Pendant que nos amis tombaient, que faisait-il?
Partout le sang coulait en fleuves, en cascades,
Jusqu'au front des maisons montaient les barricades;
Dans un cercle de feu la cité s'enfermait;
La mort veillait partout... lui dormait... Il dormait!

S'il était fatigué, pourquoi pas? Avez-
vous trouvé, madame, beaucoup d'hommes
capables de rester à cheval trois jours et
trois nuits, sans prendre une minute de
repos?

Honneur au défenseur du peuple et de la ville!
Vive l'Endymion de la guerre civile!

Quoi! le sommeil des camps est l'orgueil des héros;
Des héros, il se peut, mais non pas des bourreaux!

Ah! Delphine! Delphine! Si vous appelez Cavaignac un bourreau, quel nom donnerez-vous aux assassins du général Bréa?

Napoléon dormait la veille d'une affaire :
Bien ! c'était du courage, et la guerre est la guerre.
Mais l'Empereur avait choisi son ennemi.
Dans la guerre civile, il n'aurait point dormi.

Peut-être?

Vous dormiez, général! Hélas! nous, pauvres femmes,
Qui n'avons pas les camps pour retremper nos âmes,
Pendant les longues nuits de ces affreux combats.
Nous priions, général; et nous ne dormions pas.

Émile était à la Conciergerie, quel dommage! A coup sûr, il se fût agenouillé

madame, pour se mettre en oraison à
ôté de vous.

Ce n'est pas lui qui aurait pris les armes
contre les barbares du ruisseau !

Mais nous allons vous laisser poursuivre
sans interrompre davantage. Vous trouve-
rez plus bas une réponse meilleure que les
nôtres.

Fi donc ! par ce sommeil votre gloire est comblée,
Vous avez obtenu de la grave Assemblée,
Avec des mots heureux, des *sourires charmants*,
Pour ce noble sommeil des applaudissements.
O vous qui lui devez une mort magnanime,
Toi, pontife divin, sa *plus belle* victime,
Et toi, posthume enfant qui naîtras pour le deuil,
Toi, précoce orphelin bercé sur un cercueil,
Frères *dépareillés*, jeunes filles tremblantes
Qui n'avez pour trésor que des palmes sanglantes,
Vous tous qui l'accusez au tribunal de Dieu,
Vous qu'il a séparés par l'éternel adieu,

Vous, épouses, vous, sœurs; vous, mères éplorées,
Cœurs brisés, flancs meurtris, entrailles déchirées
Qui n'avez plus pour *fils* que de *froids ossements*,
Avez-vous entendu ces applaudissements?

Certes, on est indigné jusqu'au fond de
l'âme à cette lecture, et l'on se demande
pourquoi une femme d'esprit comme madame de Girardin a trempé sa plume dans
l'encrier, plein de fiel et de bave, de monsieur son mari.

Un homme courageux de l'époque se
chargea de riposter dans un journal à cette
coupable diatribe.

Eh quoi! Delphine, eh quoi! vous aussi dans l'arène!
Vraiment je le regrette et n'ai pas vu sans peine
Que vous, la blonde Muse à l'amoureux soupir,
Vous veniez devant tous accuser et flétrir
Ce pauvre général qui, dans son ignorance,
A si mal commandé qu'il a sauvé la France...

5

Un lutin malfaisant aujourd'hui vous abuse,
Delphine, et c'est lui seul, ô femme, ô folle, ô Muse,
Qui vous aura dicté dans un dessein pervers
Des vers aussi méchants et d'aussi méchants vers.

Laissez à votre époux, *qui les comprend si bien*,
Ses pénibles devoirs d'homme et de citoyen ;
Vous, femme, ange gardien du foyer domestique,
Gardez-vous de souiller votre blanche tunique
Dans l'arène sanglante où luttent les partis.
Le sein nu, l'œil en pleurs, montrant vos bras meurtris,
Vous auriez beau crier : Je ne suis qu'une femme !
Ils l'oublieraient peut-être, ils l'oublieraient, madame,
Et franchement je crois qu'ils auraient bien raison :
Car celle qui, fuyant le seuil de sa maison,
Vient, parmi les clameurs de la place publique,
Avec l'air et l'accent de la sybille antique,
Flétrir comme un bourreau le généreux soldat
Qui sauva son pays dans un affreux combat ;
Celle qui, dans l'orgueil de sa vaine faconde,
Croit par un feuilleton bouleverser le monde ;
Cette femme, Delphine, et vous en conviendrez,
A perdu tous ses droits, ses droits les plus sacrés :
Et l'on veut bien encore lui dorer la pilule,
En ne la châtiant que par le ridicule.

Malgré tout, la calomnie allait son train.

On prêtait au général Cavaignac des paroles dédaigneuses qu'il n'avait point prononcées.

« — Croyez-vous, aurait-il dit, que j'aie pour mission de soutenir votre garde nationale ? Qu'elle défende elle-même sa ville et protège ses boutiques ! »

Notre dictateur était accusé d'un langage plus méprisant encore. Il se serait écrié.

« — Je me.... *moque* de votre commission exécutive, composée de méchants avocats, d'un poëte naïf et d'un savant inutile ! Allez dire à l'un de se cacher dans les nuages de la poésie et à l'autre d'aller au ciel découvrir ses étoiles. Ils ne comprennent rien au commandement des

troupes. Qu'ils me laissent faire mon mé-
tier ! »

Cavaignac aurait tenu réellement ces
discours, qu'on les lui pardonnerait pour
un motif très-simple : ils étaient l'écho du
sentiment public.

Messieurs de la commission, qui avaien
montré au pouvoir une incapacité si complète et une si ridicule impuissance, cru-
rent le moment favorable pour obtenir une
sorte de réhabilitation.

S'ils prouvaient à la Chambre que le général Cavaignac, refusant d'exécuter leurs
ordres, avait prolongé la lutte à dessein,
par un mobile d'intrigue et dans l'inten-
tion de les renverser, tout était dit.

Rien ne les empêchait plus de reconquérir leurs titres à la gratitude du pays et à l'admiration de l'histoire.

Ils rédigent au plus vite en commun un acte d'accusation contre le dictateur.

On eut alors un spectacle tour à tour grotesque et magnifique. La Chambre entendit discuter un plan de stratégie entre les généraux Cavaignac, Bedeau, Lamoricière d'une part et, de l'autre, le libraire Pagnerre, le courtier de commerce Garnier-Pagès, les avocats Ledru-Rollin et Jules Favre, et le professeur Barthélemy Saint-Hilaire, qui reprochaient à ces vaillantes épées le crime impardonnable de n'avoir pas voulu suivre leurs conseils.

Dans la séance du 25 novembre, Cavaignac répondit à ses accusateurs.

Les calomnies, si longtemps et si odieusement combinées, disparurent devant cette parole simple, claire, loyale, toujours appuyée de preuves officielles, décisives et sans réplique.

Rien ne resta, rien, pas une équivoque, pas un doute, pas un soupçon, pas une ombre !

Le noble soldat termina par ces mots, qui achevèrent d'écraser ses ennemis :

« — Voyons, expliquez-vous maintenant ! Dites si vous n'avez entendu traduire à cette barre que le général négligent, incapable, inerte. Celui-là a parlé. Il prend désormais la nation pour juge. Que si vous avez voulu dénoncer un ambitieux, un traître, qui a cherché à se frayer un chemin au pouvoir, à la dictature, à travers le sang et les ruines, alors, parlez! Point de ménagements, point de réticences, point d'équivoques! Ce n'est plus mon intelligence qui sera en cause, mais mon honneur; ce n'est plus l'homme politique qui aura à répondre, mais le soldat, — et vous l'entendrez! »

Dupont (de l'Eure) fit adopter un ordre du jour motivé, par lequel l'Assemblée rappelait et confirmait le décret du 28 juin, décret portant que le général Cavaignac *avait bien mérité de la patrie.*

Cet ordre du jour fut voté par 503 voix contre 34.

Le succès oratoire du président du conseil des ministres fut tel, que ses antagonistes eux-mêmes le reconnurent. Ils essayèrent de plaisanter du bout des lèvres.

— Avez-vous entendu l'*avocat général*? disaient-ils.

Mais bientôt ils sentirent que le ridicule retombait sur eux et ne pouvait atteindre le sauveur de la France.

Une biographie, publiée récemment sur le général Cavaignac, et qui semble écrite dans la casemate d'un fort par un insurgé pris les armes à la main, ose revenir sur cette intrigue ourdie par la commission d'enquête.

L'auteur reprend pièce à pièce l'écha-

faudage ignoble, péniblement construit
par les Pagnerre et les Jules Favre. Il accuse Cavaignac d'avoir laissé grandir à
dessein l'insurrection.

Pour mieux la foudroyer, c'est possible.

Sa gloire, son mérite, son éloge, tout
est là, quoi qu'en puissent dire les démagogues vaincus.

Il ne fallait pas exposer le succès par des
mesures hâtives. La guerre des Barbares
contre la civilisation était bien ouverte-
ment déclarée. Ces Barbares sortaient non
plus des steppes de l'Asie, mais des pavés
de nos faubourgs.

Aujourd'hui les passions s'apaisent, et
l'on peut juger sainement le général Cavaignac.

Fidéicommissaire d'une assemblée où la peur coalisait tous les partis, il reçut trop tard le blanc-seing de la dictature.

La répression était nécessaire, elle était fatale; par conséquent elle fut terrible. Il mitrailla la démagogie et lui porta un coup dont elle ne se releva plus.

Malitourne a dit de Cavaignac :

« C'est un Grandisson militaire. »

Il est impossible de tracer un portrait plus net et plus fidèle du vainqueur de juin, de l'homme aux intentions pures, à la probité antique, à l'abnégation sans bornes.

Simple et modeste au milieu de sa gloi-

re, il disait de Lamoricière, son frère
d'armes en Afrique.

« — Est-ce bien possible qu'il soit au
second rang, quand je suis au premier ? »

Néanmoins l'administration du général
Cavaignac a commis des fautes. Ce qu'elle
eut de répréhensible vint de tiraillements
de droite et de gauche.

On n'approuve ni les rigueurs exces-
sives déployées contre les insurgés, ni la
transportation en masse de quartiers de
Paris, ni le fameux dossier des récom-
penses nationales, ni le retard des malles-
postes dans un but d'influence électorale ;
mais on ne va pas jusqu'à reprocher au
dictateur, avec ces bons démagogues, d'a-
voir témoigné trop d'égards au chef des
fidèles.

Voici la lettre du général Cavaignac à
Pie IX :

Paris, le 3 décembre 1848.

« Très-saint Père,

« La nation française, profondément af-
fligée des chagrins dont votre sainteté a été
assaillie dans ces derniers jours, a été aussi
profondément touchée du sentiment de
confiance paternelle qui portait Votre Sainteté à venir lui demander momentanément
une hospitalité qu'elle sera heureuse et
fière de vous assurer, et qu'elle saura
rendre digne d'elle et de Votre Sainteté.

« Je vous écris donc pour qu'aucun
sentiment d'inquiétude, aucune crainte
sans fondement ne vienne se placer à côté

de votre première résolution pour en détourner votre sainteté.

« La République, dont l'existence est déjà consacrée par la volonté réfléchie, persévérante et souveraine de la nation française, verra avec orgueil votre sainteté donner au monde le spectacle de cette consécration toute religieuse que votre présence au milieu d'elle lui annonce, et qu'elle accueillera avec la dignité et le respect qui conviennent à cette grande et généreuse nation.

« J'ai éprouvé le besoin de donner à Votre Sainteté cette assurance, et je fais des vœux pour qu'elle lui parvienne sans retard prolongé.

« C'est dans ces sentiments, très-saint
Père, que je suis votre fils respectueux,

« Général CAVAIGNAC. »

Le pape lui répondit :

« Monsieur le général,

« Je vous ai adressé, par l'intermédiaire
de M. de Corcelles, une lettre pour exprimer à la France, mes sentiments paternels
et mon extrême reconnaissance. Cette reconnaissance s'accroît de plus en plus à la
vue des nouvelles démarches que vous
faites auprès de moi, monsieur le général,
en votre propre nom et au nom de la
France, en m'envoyant un de vos aides-de-

camp, avec une lettre, pour m'offrir l'hospitalité sur une terre qui a été et qui est
toujours fertile en esprits éminemment
catholiques et dévoués au saint-siége. Et
ici mon cœur éprouve le besoin de vous
assurer de nouveau que l'occasion favorable ne manquera pas de se présenter, où
je pourrai répandre de ma propre main
sur la grande et généreuse famille française les bénédictions apostoliques.

« Que si la Providence m'a conduit par
des voies surprenantes dans le lieu où je
me trouve momentanément, sans la moindre préméditation ni le moindre concert,
cela ne m'empêche point, même ici, de
me prosterner devant Dieu dont je suis le
vicaire, quoique indigne, le suppliant de

faire descendre ses grâces et ses bénédictions sur vous et sur la France entière.

« Donné à Gaëte, le 10 décembre 1848.

« Le pape PIE IX. »

Un autre tort de Cavaignac fut de céder
aux inspirations des hommes du *National*
et d'organiser, rue de Varennes, de pom-
peuses soirées politiques, où les ambitieux
de tous étages venaient intriguer à l'envi
l'un de l'autre.

Les journaux se moquaient de ces soirées, et vraiment ils avaient raison.

« Des masques partout, des visages nulle
part, dit un chroniqueur de l'époque.
C'est l'adoration des Mages devant un nou-

veau roi, non pas les mains pleines de ri-
ches présents, mais la bouche remplie de
compliments fardés d'hypocrisie et de
mensonge.

« A peu de distance du général Cavaignac, s'engage entre M. le comte Molé et
le représentant d'une grande puissance
le colloque suivant :

« — Vous ici, cher comte?

« — Pourquoi pas, cher ambassadeur?

« — A quel titre, s'il vous plaît? Comme
ami, ou comme ennemi?

« — Ni l'un ni l'autre.

« — A titre de satisfait et de repentant,
alors?

« — Pas davantage, cher diplomate.

6

« — Comment êtes-vous donc ici ?

« — Comme vous, comme bien des gens
en *curieux*. »

Le général entendit ce dialogue peu flat-
teur. Tant pis ! il ne devait pas suivre les
conseils de M. Marrast et ouvrir ses salons
à cette foule hostile ou moqueuse.

Un autre soir, au milieu d'un groupe de
représentants, on aperçut chez Cavaignac
les deux Dupin, MM. Sarrans et les ques-
teurs Degousée et Lebreton. Ces messieurs
parlaient très-haut et sans la moindre gêne
de la candidature du prince Louis Bona-
parte.

« — Pour moi, disait M. Dupin, sa nomination n'est plus douteuse.

« — Allons donc! firent les autres.

« — C'est comme j'ai l'honneur de vous le dire, et ça vous apprendra, messieurs les républicains, à faire du suffrage universel.

« — Ainsi, Cavaignac...

« — N'y songez plus! son succès de tribune n'a pas dépassé le seuil de l'Assemblée. Gardez-le pour un *en cas*; ou mieux, vous autres républicains de la veille, mettez-le dans votre poche pour dans quatre ans, si, à cette époque, nous avons encore la République.

« — Qui donc la tuerait? s'écria M. Degousée tout ému.

« — Ni vous, ni moi, en particulier,

mais tous ensemble, sans le savoir et sans le vouloir!... »

Le général Cavaignac accepta dignement l'arrêt du suffrage universel qui lui préféra l'héritier du nom de Napoléon. Il avait encore l'espoir de tenter le sphinx populaire à l'élection suivante; mais les événements de décembre 1851 le précipitèrent brusquement des hauteurs qu'il caressait en rêve.

Arrêté dans son domicile, rue du Helder, il fut transféré à Mazas, puis au château de Ham, où il resta jusqu'au 29 du même mois.

Il en sortit alors, par ordre du pouvoir, et presque aussitôt il épousa mademoiselle Odier, fille d'un opulent capitaliste.

M. le général Cavaignac, mis à la retraite sur sa demande, est aujourd'hui un des principaux actionnaires du *Siècle*.

Les hommes sont de grands enfants qui ne peuvent se décider à rompre avec leurs illusions.

En attendant c'est une célébrité militaire perdue pour la gloire et pour l'armée. La guerre civile, Médée furibonde, tue ses enfants, ou arrive à les rendre absolument nuls pour la patrie. Elle a causé la perte de ces nobles et vaillants soldats qui avaient arrosé de leur sang le sol africain.

Changarnier, Bedeau, Lamoricière, c'est de vous que nous parlons, aussi bien que de Cavaignac.

Où étiez-vous, à l'heure où la France se trouvait engagée dans une lutte formidable avec le colosse du Nord?

Chaque matin, nous nous attendions à lire au *Moniteur* une demande signée de vos noms illustres, une demande de servir en Orient, *sans conditions*, puisqu'on se battait pour l'honneur national.

Notre attente a été vaine.

Encore une fois, où étiez-vous?

Une telle conduite n'a pas d'excuse. Est-ce que la grandeur d'âme doit céder aux inspirations de la rancune et de la haine personnelle? Un soldat ne raisonne jamais, quand le drapeau se déploie et quand la mèche du canon s'allume. Vous

vous êtes abstenus, dites-vous. Nous répondrons :

Vous vous êtes amoindris.

Tous les sophismes démocratiques n'empêcheront pas le triomphe de cette vérité, soyez-en sûrs. Foin des querelles de parti, lorsqu'elles étouffent les élans de l'honneur, du patriotisme et du courage!

L'épée n'appartient pas à une opinion, messieurs, elle appartient à la France.

FIN.

Ministère
De la Guerre.

République Française
Liberté, Egalité, Fraternité.

Cabinet
du Ministre

Général, je passerai
Dimanche à midi la
revue de la cavalerie de Paris
Versailles et St Germain au
Champ de Mars. Vous
donnerez des ordres en conséquence.

Le Md de la guerre
Gal Cavaignac

VIENT DE PARAITRE

Chez GUSTAVE HAVARD, 15, rue Guénégaud.

LA LECTURE,

JOURNAL DE ROMANS,

DEUXIÈME VOLUME.

Premier semestre de la deuxième année :

LE NAUFRAGE DE LA MÉDUSE,

Par Charles Déslys.

LES DRAMES INCONNUS,

Par Frédéric Soulié,

LES SOUVENIRS D'UN ENFANT DU PEUPLE,

Par Michel Masson.

—

En cours de publication dans le 2e semestre

LE PARADIS DES FEMMES,

Par Paul Féval.

Prix de chaque Numéro : 5 cent.

VIENT DE PARAITRE.

L'ÊTRE

OU ÉBAUCHE

D'UNE ÉTUDE INTÉGRALE

DE LA VIE UNIVERSELLE,

PAR F. CANTAGREL.

1er MÉMOIRE :

Comment les Dogmes commencent.

(2e tirage.)

ACHILLE TRINQUIER.

MÉLANGES POÉTIQUES.

LE GIAOUR.

PARISINA. — LA BATAILLE PERDUE.

MORALITÉS.

Un vol. in-18. Prix : 1 fr.

HISTOIRE-MUSÉE

DE LA

RÉPUBLIQUE FRANÇAISE

DEPUIS

L'ASSEMBLÉE DES NOTABLES JUSQU'A L'EMPIRE

PAR

AUGUSTIN CHALLAMEL

ACCOMPAGNÉE

DES ESTAMPES, COSTUMES, MÉDAILLES, CARICATURES, PORTRAITS HISTORIÉS ET AUTOGRAPHES LES PLUS REMARQUABLES DU TEMPS

TROISIÈME ÉDITION

Le succès qui a accueilli les deux premières éditions de ce livre pourrait, à la rigueur, nous dispenser d'entrer dans de nouvelles explications sur l'intérêt des matières qu'il traite et sur l'importance des nombreux documents qu'il contient; mais il nous a semblé qu'il ne serait pas hors de propos aujourd'hui de dire quelques mots sur la pensée de l'auteur, sur le plan qu'il a suivi et sur les motifs qui doivent faire, à notre avis, désirer en ce moment une réimpression de cet ouvrage.

L'*Histoire-Musée de la République fran-çaise* n'est pas, à proprement parler, une histoire de la République, c'est-à-dire un récit plus ou moins détaillé des événements publics groupés et appréciés suivant la passion politique, le système ou l'école philosophique de l'auteur; elle n'est pas non plus, comme on pourrait le penser, un simple recueil de documents, plutôt fait pour les écrivains que pour les lecteurs; elle tient à la fois de ces deux genres de livres; plus impartiale et moins solennelle que les narrations des historiens, en ce qu'elle se borne, la plupart du temps, à exposer les circonstances dans lesquelles se sont produits les lettres, les dessins, les emblèmes, les caricatures, dont elle retrace et conserve l'image exacte comme autant de monuments des luttes des partis, elle est moins sèche aussi et plus instructive qu'une simple collection de pièces, parce que, en guidant le lecteur par un récit rapide des faits qui relient entre elles ces productions si diverses de l'esprit français pris sur le fait dans le moment où la surexcitation des passions de parti lui donne l'essor le plus énergique, elle met l'observateur intelligent à même d'en déduire des enseignements utiles.

On pourrait dire que l'*Histoire-Musée de la République française* est la chronique du mouvement quotidien de l'esprit français pendant la Révolution.

Quant à l'opportunité du moment choisi pour cette réimpression, nul ne contestera qu'elle ne saurait se produire plus à propos que dans ces temps de calme si favorables à la méditation, ces temps où les esprits sérieux aiment à chercher dans l'étude impartiale du passé la raison d'être du présent et la leçon de l'avenir.

CONDITIONS DE LA SOUSCRIPTION

L'Histoire-Musée de la République française, par AUGUSTIN CHALLAMEL, formera deux volumes grand in-8 jésus.

350 gravures sur acier et sur bois, dessinées et gravées par les meilleurs artistes, illustreront cet ouvrage, qui sera publié en 72 livraisons à 25 cent., et en 12 séries brochées à 1 fr. 50 cent.

Chaque livraison contiendra invariablement 16 pages de texte, avec gravures, plus *deux gravures* sur acier ou sur bois, tirées à part, ou une gravure et un autographe.

Prix de la livraison, 25 centimes

LES PREMIÈRES LIVRAISONS SONT EN VENTE

ON SOUSCRIT A PARIS

CHEZ GUSTAVE HAVARD, LIBRAIRE-ÉDITEUR

RUE GUÉNÉGAUD, 15

Et chez tous les Libraires de la France et de l'Étranger.

Paris. — Typ. de Gaittet et Cie, rue Gît-le-Cœur, 7.

www.ingramcontent.com/pod-product-compliance
Lightning Source LLC
Chambersburg PA
CBHW070857280326
41934CB00008B/1482